D1666882

Ex Libris

Nom

Adresse

Téléphone

E-mail

à Juliette, Louis, Quentin, Joanna,
& Sylviane.

© Éditions Équinoxe, 2003
Domaine de Fontgisclar
Draille de Magne
13570 Barbentane

ISBN n° 2.84135.361.3

Mise en page : Étienne Marie

Carnet d'adresses
des
Oiseaux de Provence

Illustré par
François Desbordes

Textes de
Sylviane Arnoux-Desbordes

ÉQUIN•XE

L'AIGLE DE BONELLI
(Hieraaetus fasciatus)

Jeune

Prince de la Garrigue.

Grand rapace, exclusivement méditerranéen, l'aigle de Bonelli témoigne du bon équilibre écologique de son milieu. Lorsque celui ci ne lui offre pas de nourriture suffisamment abondante, lapins et gros oiseaux se faisant rares, l'aigle doit étendre ses recherches jusqu'au bord de la mer. Sédentaire et fidèle à son territoire immense, le couple de Bonelli choisit d'installer son aire sur de grandes falaises dominant la garrigue. Se trouvant menacé par les lignes électriques et la tendance du milieu naturel à se refermer, l'aigle de Bonelli bien que protégé disparaît peu à peu de notre pays où il ne reste plus qu'une vingtaine de couples.

Adulte   *Poussin*   *Jeune*

A

Parade nuptiale

Francois
Desbordes
2000

LA BERGERONNETTE PRINTANIERE.
(Motacilla flava)

Arrivée début avril du sud Sahara, la bergeronnette printanière s'installe en Camargue. Les terrains à salicorne, les cultures en bordure de marais saumâtres conviennent à ce petit oiseau au ventre jaune et à la face dorsale vert olive. Elle y côtoie pacifiquement taureaux et chevaux dont elle avale les insectes soulevés par leur piétinement. Appréciant la compagnie, les bergeronnettes printanières rejoignent en vol de larges groupes de passereaux, s'abattent régulièrement dans les champs pour se nourrir. En période nuptiale, le mâle soucieux de définir son territoire lance un chant monotone depuis le sommet d'un piquet ou d'un buisson exhibant son poitrail jaune. Le couple arpente la campagne à la recherche d'un trou discret dans l'herbe pour construire son nid. La nichée élevée, les bergeronnettes se préparent à migrer dans le courant du mois d'août.

Choucas

LE CHOUCAS DES TOURS.
(Corvus monedula)

Le choucas est chez lui en Provence. Oiseau noir de petite taille à l'œil blanc et aux reflets vert violacés, il affectionne les vieux bâtiments, falaises et rochers. On l'aperçoit aussi dans les grandes allées de platanes, en tous lieux proposant des cavités utiles à l'établissement du nid. Le choucas vit en couple d'une grande fidélité uni lors de fiançailles automnales. Néanmoins, il ne néglige pas la colonie à laquelle il appartient formée d'autres congénères solidaires dans la protection du groupe et des jeunes. Lors de jeux aériens ludiques, les compagnons émettent des cris vifs et bruyants. Ensemble, la bande de choucas arpente champs et prairies où elle se nourrit de façon opportune.

Jeune

dindouleto

L'HIRONDELLE RUSTIQUE.
(Hirundo rustica)

Depuis des siècles la *dindouleto*, nom provençal poétique de l'hirondelle rustique, porte bonheur aux mas et bastides qu'elle occupe pendant la belle saison. Ce petit passereau migrateur au manteau noir bleuté, face rouille et ventre crème entreprend un long et périlleux voyage depuis l'Afrique tropicale où il a passé l'hiver jusqu'en Europe. L'hirondelle rustique regagne la ferme qui l'a vue naître, maçonnant son nid de boue et de fibres accroché à une poutre. Elle affectionne les étables et les dépendances des fermes où la présence de bétail lui assure quantité d'insectes happés d'une bouchée en plein vol. Début septembre, les hirondelles adultes et jeunes s'alignent en rangs serrés sur les fils aériens, un signal mystérieux annonce le départ de la migration.

Jeunes

François
Desbordes
2001

L'ÉCHASSE BLANCHE.
(Himantopus himantopus)

EF

Gracieux limicole perché sur ses immenses pattes orangées, l'échasse blanche arrive en Camargue et dans les marais côtiers fin mars. Réunies en bandes bruyantes et actives, elles chassent les petits invertébrés dans les lagunes saumâtres, les vasières et les rizières. L'échasse niche en colonie lâche construisant un petit tumulus de boue et de végétation entouré d'eau. Dès l'éclosion, les poussins quittent le nid sous la protection bruyante de leurs parents. En août, c'est le départ en migration ; elles font une étape en Espagne en attendant le froid qui les conduira en Afrique jusqu'à la fin de l'hiver.

Jeu

auvette

LA FAUVETTE MÉLANOCÉPHALE.
(Sylvia melanocephala)

Petite fauvette sombre, le mâle présente une tête noire contrastant avec le blanc de sa gorge, une queue noire bordée de blanc et une auréole rouge vif autour de l'œil. Volant d'un buisson à l'autre, très mobile, la mélanocéphale lance son « *treu, treu, treu* » fort et râpeux.

Passereau gracieux, typiquement méditerranéen, elle vit communément dans les jardins et les milieux ouverts de hautes garrigues ou maquis ainsi que dans les bosquets de chênes verts.

Présente toute l'année, elle est friande de baies, de larves et d'insectes. La discrète fauvette mélanocéphale fait partie de notre paysage sonore et de proximité.

François
Desbordes
2001

LE GRAND DUC D'EUROPE

grand duc (Bubo bubo)

Le gros hibou de Marcel Pagnol, c'est lui !
Sur la crête d'une falaise, la célèbre silhouette du grand
duc surmontée de ses "aigrettes" se détache du ciel au
soleil couchant. En prélude à sa nuit de chasse, le hibou
hulule gravement, son *hou ! ho !* se répand en contrebas sur
un vaste territoire sauvage. Superprédateur à la taille
imposante, il est très commun en Provence dans les massifs
montagneux comme le Luberon ou les Alpilles Sa discrétion
diurne participe à auréoler de mystère la vie de cet
impressionnant rapace.

Jeunes

héron

LE HÉRON GARDEBŒUFS
(Bubulcus ibis)

Le Héron Gardebœufs est le compagnon des troupeaux. Oiseau blanc, au long cou élancé, il se nourrit d'insectes et de petits animaux que délogent les moutons, les taureaux ou les chevaux en se déplaçant dans l'herbe, et profite de leur dos comme poste d'observation. Il niche au printemps en colonie avec d'autres espèces de hérons, dans les arbres près des marais. À cette période, les adultes se colorent de magnifiques plumes orangées sur la tête, le dos et la poitrine.

plumage d'hiver

plumage nuptial

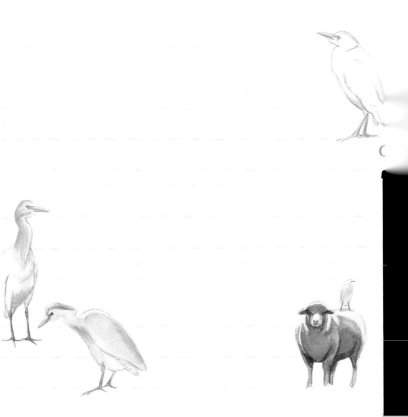

LE GUEPIER.
(Merops apiaster)

Chasseur d'insectes de haut vol, le guêpier arrive d'Afrique au Printemps. Tournoyant dans le ciel, souvent en groupe, son vol est léger. Repérant libellule ou gros insecte il les saisit en accélérant le rythme des battements de ses ailes effilées. Se reposant sur une branche ou autre perchoir, il assomme sa proie en agitant sa tête de part et d'autre et la déguste. Oiseau multicolore, un des plus beaux vivant sur notre territoire, au bec fin et incurvé, il niche dans les falaises et les carrières de sable où il creuse un long tunnel pour installer ses œufs. Son cri, un « *crruuic* » roucoulé , permet de le repérer de très loin. Le chasseur d'Afrique repart en septembre.

LA PIE BAVARDE

jacasse *(Pica pica)*

Omniprésente en Provence, du cœur des villes aux collines, jusqu'en Camargue, la jacasse promène sa silhouette noire et blanche à la longue queue bleutée. Elle s'adapte remarquablement bien à la civilisation. Voisine de l'homme qui lui offre des espaces de chasse et de nidification importants, elle reste prudente vis à vis de cet ultime ennemi. Oiseaux sédentaires, le couple de pie entame la construction d'un nid complexe dès le mois de mars, fabriquant à la cime d'un grand arbre un enchevêtrement de branchage muni d'un toit. Les jeunes de quelques semaines sont soumis au même régime que leurs parents, insectes, araignées, petites charognes, poussins et oisillons égarés ainsi que baies et autres végétaux. Bien que très nombreuses, à la réputation méritée de charognard, pilleuse et bruyante, la pie demeure un oiseau distrayant et utile à l'écosystème.

LA FAUVETTE PITCHOU
(Sylvia undata)

Sur les versants des collines provençales, le chêne Kermès repartant de ses racines vigoureuses retapisse d'un vert tendre le calcaire mis à nu par les ravages du feu. La fauvette pitchou (*pichou* signifiant petit en provençal) se faufile, minuscule silhouette sombre, dans le labyrinthe piquant des buissons de chênes. Ainsi cachée, elle lance son « *tcherr* » râpeux. Parfois, elle se montre à découvert la queue relevée sur une branche nue, s'il s'agit d'un mâle, son chant de faible sonorité délimite son territoire. La pitchou très farouche replonge furtivement dans les bosquets où elle enfouit son nid. Sédentaire, les hivers trop rigoureux peuvent lui être fatals. Heureusement, l'espèce, très prolifique reconstitue sa population au printemps.

François
Desbrandes
2006

LE LORIOT.
(Oriolus oriolus)

« *Didelio !* » Le chant du loriot nous parvient depuis le feuillage des peupliers bordant la Durance. Ce migrateur Africain surnommé « le merle d'or » passe le plus clair de ses jours dans les hauteurs des grands arbres où il camoufle son plumage éclatant aux ailes noires. Il y chasse des insectes et raffole de fruits, en particulier les cerises. La femelle, plus terne, construit un nid en forme de coupe solidement tressée dans une fourche de branches très hautes puis pond trois ou quatre œufs qu'elle couve pendant que le mâle surveille les alentours sans relâche. Oiseau territorial, le loriot dialogue volontiers lorsqu'on siffle son chant et peut apparaître brièvement hors des frondaisons pour se laisser admirer.

L

LE MILAN NOIR
(Milvus migrans)

Le Milan noir, formidable voilier, décrit d'impressionnantes volutes dans le ciel dès le mois de mars annonçant la douceur du printemps. Ce talent lui vaut le nom anglo-saxon de *Kite*, cerf-volant. Planant sur les rivières, comme ici la Durance, il traque le poisson nageant sous la surface, affaibli ou mort, le saisit en plongeant ses serres dans l'eau. Petit charognard à dominante aquatique, le milan noir s'adapte également à l'urbanisation en nettoyant les bords des routes et chapardant en petites bandes dans les décharges d'ordures. C'est un rapace sociable, il s'adonne à des acrobaties aériennes échangeant des cris aigus tels de doux hennissements avec ses congénères. Le milan noir, ayant rempli sa fonction reproductrice, repart fin juillet vers les pays tropicaux.

MN

Jeune

Jeune

Adulte

Jeune

Adulte

Jeune

M

François
Desbordes
2001

LA NETTE ROUSSE
(Netta rufina)

La Camargue est le fief hivernal de la nette rousse. Ce magnifique canard passe ses journées en larges groupes, partageant avec d'autres espèces le calme de grands étangs bordés de roseaux. La nuit, les nettes rousses se dispersent vers les étangs avoisinants pour se nourrir presque exclusivement de végétation aquatique. Au printemps, seulement une centaine de couples de nettes rousses demeurent en Camargue et nichent à même le sol au fond d'un trou abrité.

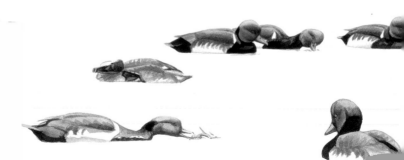

L'OUTARDE CANEPETIERE.
(Tetrax tetrax)

Un « *prett* » retentit dans la plaine ! La tête grise au cou allongé revêtu d'une collerette noire hérissée, le mâle outarde saute sur place battant vivement des ailes ouvertes en éventail. C'est l'étonnante parade nuptiale en dehors de laquelle il est malaisé de voir dans la végétation son corps au plumage mimétique dont seule la tête dépasse. À l'envol, les ailes de cet oiseau puissant sifflent à chaque battement. Mais c'est au sol que vit l'outarde, elle y picore graines et insectes et dissimule son nid dans l'herbe. L'hiver approchant, de grands vols d'outardes se regroupent dans un lieu de la plaine pour dormir ensemble à la tombée de la nuit. Autrefois commune dans toute la France, la plaine de la Crau, cette steppe si précieuse, reste son dernier refuge.

OP

OP

poupu

LA HUPPE.
(Upupa epops)

Arrivée d'Afrique en avril, la huppe ou *poupu* en provençal passe le printemps et l'été dans notre pays. Fréquentant les paysages ouverts, baignés de soleil, la huppe profite également des abris et de la nourriture abondante que lui offrent les jardins. Elle fouille le sol à la recherche d'insectes et de délicieuses larves, à la moindre alerte elle s'envole avec la grâce d'un papillon. Son chant doux et répétitif, un « *hou pou pou* » caractéristique permet de la repérer à découvert au sommet d'un arbre. Occupant les excavations des murs ou les trous d'arbres, le couple de huppes aménage un nid très sommaire réputé pour son odeur putride destinée à écarter les prédateurs.

OP

François
Desbordes
2001

O

queue
rouge

LE ROUGE-QUEUE NOIR.
(Phoenicurus ochruros)

Le rouge-queue, habitant régulier de nos villages vit très près de nous. Petite silhouette à la position très verticale, à la queue agitée de tremblements incessants, le mâle rouge-queue aime se percher. Sur le faîte d'une toiture de Bonnieux, il fait entendre dès le mois de février son chant peu mélodieux, un sifflement aigu entrecoupé d'un bruit de verre pilé. Son habitat demeure lié à la pierre où il cache son nid dans de larges trous. Quelquefois cet original jette son dévolu sur un pot oublié au fond d'un garage ou un autre objet insolite. Strictement insectivore, il trouve abondance de nourriture dans les pierres des falaises jusque très haut en montagne d'où il est originaire.

QR

QR

François
Desbordes

LE ROLLIER.
(Coracias garrulus)

Perché sur les fils électriques tendus dans les plaines provençales, ce bel oiseau dont le plumage rappelle la couleur intense du ciel guette les gros insectes, coléoptères, sauterelles qu'il broie de son bec robuste. Il arrive d'Afrique en mai pour nicher dans les cavités de vieux arbres ou les anciens nids de guêpiers dans les falaises de sable et repart en septembre. En passant lentement au bord des routes, le rollier peut s'observer à la dérobée. Très craintif, il s'enfuit à l'approche de l'homme d'un vol rapide, léger et élégant, battant de ses longues ailes bleu outremer bordées de noir qui font de lui l'oiseau le plus exotique de France.

QR

Jeune

François
Desbordes
2000

Adulte

QR

LE SERIN CINI
(Serinus serinus)

Petit oiseau à la tête et au croupion jaune, le serin cini exalté par la lumière, lance son trille vif et aigu. Peu farouche en sa période nuptiale, il vole lentement comme un papillon entre ses perchoirs tout en gazouillant. Son chant constitue le trait caractéristique de l'espèce par ailleurs assez insignifiante. Proche parent du canari domestique, il égaie les jardins et les vergers des petits villages de Provence. Le couple construit souvent son nid dans le couvert d'une treille ou à la cime d'un cyprès. L'hiver, ils se déplacent en petites troupes discrètes dans les champs avec d'autres espèces de granivores.

ST

ST

tarier

♀

LE TARIER PÂTRE.
(Saxicola torquata)

Véritable sentinelle des prairies parsemées de ronciers, le tarier pâtre, petit oiseau sombre, tête noire, jabot orangé et col blanc, surveille son territoire du perchoir qu'il occupe avec sa femelle au plumage brun clair. Toujours actif, même sous un soleil de plomb, il fonce sur un insecte et revient se poser prestement. La proie au bec, ses cris « *tchec,tchec* », ses hochements de queue, trahissent son inquiétude. C'est après avoir observé attentivement les alentours qu'ils plongent à tour de rôle dans le buisson où l'attendent dans un nid caché au ras du sol leurs oisillons affamés. Le couple peut mener à bien jusqu'à trois nichées successives. L'hiver, le tarier demeure en Provence où il devient un élément discret.

ST

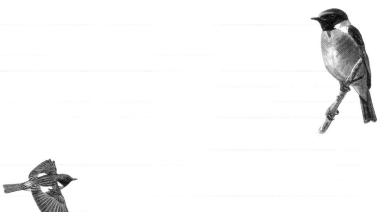

ST

LE MARTINET NOIR
(Apus apus)

À Uzès, comme dans toutes les villes du Sud, les martinets noirs envahissent le ciel trois mois par an. Ils arrivent d'Afrique mi-avril début mai, les adultes restaurent ou fabriquent leur nid sous les toits, dans les interstices des édifices. Le jour, ils cherchent leur pitance dans les campagnes fauchant les insectes en plein vol et boivent en rasant l'eau des ruisseaux.

Dans la chaleur des soirs d'été, leurs courses-poursuites effrénées accompagnées de cris stridents animent les villes et villages. L'exceptionnelle précision de leur vol véloce et leurs ailes en forme de faucille les différencient des hirondelles. Suivant les courants d'air chauds ascendants, ils s'évanouissent en plein ciel toute la nuit. Les adultes nicheurs dorment au nid.

Ils repartent à partir du quinze juillet avec les jeunes de l'année.

Jeunes

François
Desbordes
2000

UV

Vacarès

LE FLAMANT ROSE.
(Phoenicopterus ruber)

Les flamants roses font partie intégrante de l'image unique et sauvage de la Camargue. Visibles toute l'année aux abords de l'étang du Vaccarès, ils nichent au cœur des marais salants en formant une immense colonie de plus de dix mille couples. Plongeant fréquemment leur long cou dans les eaux saumâtres et peu profondes, ils filtrent grâce aux fanons de leur bec les micro-organismes contenant les pigments qui leur donnent cette couleur rosée si spéciale. Ce grand et bel oiseau vole en large bande au ras de l'eau avec une extrême élégance.

UV

UV

(silhouette en vol)

LE CIRCAETE JEAN LE BLANC.
(Circaetus gallicus)

Le plus grand rapace de la région méditerranéenne se plaît dans les paysages arides et ensoleillées où pullulent les reptiles. Cet aigle à la face ventrale blanche joue dans les courants d'air avec une étonnante économie de mouvements. Il est le seul capable de s'immobiliser instantanément en vol dans une pose caractéristique, ailes repliées formant un W, scrutant le sol de ses yeux jaunes perçants. Pas un mouvement de ne saurait le trahir. Il descend lentement, perd de l'altitude par paliers ; à quelques mètres du sol, se laisse tomber sur le serpent repéré qu'il peut engloutir en plein vol la queue dépassant encore de son bec. Le couple de Jean le Blanc niche au sommet d'un grand arbre dans un lieu proche de son territoire de chasse et rapidement accessible.

Dès l'automne, il retourne en Afrique.

WX

François
Desbordes
2002

WX

xanthorie

LE MONTICOLE BLEU.
(Monticola solitarius)

La xanthorie, lichen orangé s'étale sur les crêtes fréquentées par le merle bleu. La lumière irise de reflets bleu gris son corps sombre et éclaire son ventre d'un bleu plus pâle. C'est un casanier sauvage guettant du haut de sa citadelle choisie dans des falaises escarpées ou des ruines historiques les petites proies qui font son commun, lézards, insectes qu'il peut également saisir au hasard de ses pérégrinations. Au printemps il vole le long des à-pics lançant un chant doux et mélodieux qui résonne contre les parois. Sa femelle, brune, encore plus discrète, planque son nid dans les anfractuosités des rochers. Dans le midi, il habite des lieux prestigieux comme le château des Baux ou les calanques de Marseille.

♀

WX

WX

LA CHOUETTE CHEVECHE.
(Athene noctua)

Les Grecs de l'antiquité, inspirés par le regard imprégné de sagesse de ses grands yeux jaunes ont désigné la chouette chevêche comme emblème d'Athéna déesse des sciences. Etant la moins nocturne des chouettes, on la voit fréquemment immobile au sommet d'un poteau ou sur le crête d'un toit. Sédentaire, elle apprécie la campagne ouverte, bordée de haies qui foisonne d'insectes, vermisseaux et micro mammifères dont elle se repaît. Chouette utilisant les cavités des vieux arbres ou les failles des murs et des bâtiments pour construire son nid, elle vit en bon voisinage avec les hommes. De jour, les passereaux houspillent cette rivale placide qui fuit d'un vol ondoyant, alternant les battements d'ailes nerveux et les glissades ailes repliées. La petite chevêche dont le chant évoque des sonorités presque humaines, mérite d'être protégée.

Jeunes

YZ

YZ

bruant Zizi

LE BRUANT ZIZI.
(Emberiza cirlus)

Timide, commun, ce passereau aux dominantes jaunes et à la tête bigarrée de noir, vit toute l'année dans nos campagnes. Il affectionne les paysages bordés de haies, les maquis ouverts par de nombreuses clairières, et s'aventure jusque dans les jardins où l'on peut l'apercevoir picorer au sol. Le mâle dans un accès de courage, se perche à découvert pour lancer sa phrase nuptiale un « zizizizizi… » monotone, mais la moindre alerte le fera s'envoler. L'hiver, il se promène en bande de granivores, fouillant les herbes et se hasardant jusqu'aux mangeoires. Son trille résonne dans toute la Provence.

♀   ♂

YZ

François Desbordes remercie

Jean Pierre et Paule Arnoux, Othello Badan, Jean Boutin, Marc Duquet, Monsieur Lamouroux, Jean Claude Mourgues, Sylvain Uriot, Le Museum d'histoire Naturelle de Paris et Monsieur Le Corvec pour l'aide apportée à la réalisation de cet ouvrage.

Achevé d'imprimer en février 2003 sur les presses de l'imprimerie Karmak, à Bruino, en Italie. Photogravure réalisée par Quadriscan, à Oraison, dans les Alpes-de-Haute-Provence.